Det Evige Nu

Meditative Metamorfoser III

Det Evige Nu

Den Nye Verdens Spiritualitet

Meditative Metamorfoser III

Jørgen Finnemann

Det Evige Nu
Den Nye Verdens Spiritualitet
Meditative Metamorfoser III

Det Evige Nu udkommer som tredje del af trilogien
Meditative Metamorfoser.
Metamorfoserne må benyttes med kildeangivelse til oplæsning,
meditation og skriftlig gengivelse. De må ikke uden tilladelse
benyttes i kommerciel sammenhæng.

Forlag: BoD – Books on Demand, København, Danmark
Tryk: BoD – Books on Demand, Norderstedt, Tyskland.
ISBN 9788743009436

Af samme forfatter
De Syv Vise, Meditative Metamorfoser I
Magien i Intetheden, Meditative Metamorfoser II
Livet omkring døden – støtte til pårørende (ikke udgivet
manuskript fra 1990/2002).

Indholdsfortegnelse

Forord 7

Prolog: Det er tid 9

Metamorfoserne

Del 1: Hjertets Spiritualitet

20 Kristi Genkomst i Hjertet 11
21 Kristus og Maria Magdal i Alkymisk Forening 15
22 Kristus og Den Nye Jord 19
23 Kristusimpuls og Buddhafelt 25
24 Kristus og Buddha Forenet 31
25 Den Nye Verdens Spiritualitet 35

Del 2: Opstandelsen

26 Dødens Rige– Gud i Hjertet – Vision om Den Nye Jord 41
27 Det kymiske Bryllup 47
28 Det kymiske Bryllup og Andromeda 55
29 Den Nye Jord 59
30 Dødsriget Opløst 65
31 Opstandelsen 69

Mellemspil 75

32 Det Nye Verdensbillede 77
33 Livskunst og Den Nye Verdens Spiritualitet 81

Ordliste 84
Kosmologi: Det Evige Nu 87
Hvad du selv kan gøre 89
Lydfiler og Oplæsning 90
Epilog: Samhørighed, kære Læser 91

Forord

Velkommen til tredje del af trilogien Meditative Metamorfoser, en ny magisk og anderledes rejse i bevidstheden, hvor vi åbner til den nye tids spiritualitet som en syntese af komplementære energier.

Metamorfoserne fører os ind i en verden med en levende spiritualitet, der langsomt vil være med til at åbne for en transformation af de gamle religioner og livet på jorden.

Teksterne arbejder med at levendegøre de åndelige impulser, der ligger bag kristendommen og buddhismen. Disse impulser kan mange nu forbinde sig med, og det fører metamorfoserne os ind i. Det sker i de første seks metamorfoser, Hjertets Spiritualitet, der er skrevet hen over julen 2019.

Anden del, Opstandelsen, er skrevet hen over nytåret 2019/20 og er en levendegørelse og en personliggørelse af påskemysteriet med døden og opstandelsen.

Endelig slutter samlingen med at vise os, hvor det hele fører hen: til et verdensbillede, en kosmologi, at Kristus er en hjerteimpuls i os alle, og at det handler om at gøre livet til en kunst, kunsten at leve i enhed med vor egen sandhed.

Som de forrige to samlinger, egner metamorfoserne sig til meditation, til at sanse, til at mærke indad ved at blive læst langsomt, med pauser, gerne flere gange. Eller til at blive lyttet til, måske ved at indtale dem på diktafon.

Hver enkelt metamorfose kan læses og opleves uafhængigt af de øvrige, og de nummereres fortløbende, således at denne samling af 14 har nummer 20 – 33.
Enkelte ord er forklaret i et afsnit sidst i bogen.

Det er mit håb at mange vil åbne sig og mærke energien.

God fornøjelse

Prolog

Det er tid

Det er tid at sætte ord på Kristi genkomst
sætte ord på, at det er en proces i hjertet
at gøre det i digterisk kanaliseret form
derfor denne række af metamorfoser

Metamorfose 20

d. 19.12

Kristi Genkomst i Hjertet

Kristus født i mig
Kristus født i dig

En impuls af kærlighed
en ren væren kærlighed

Det er tid at sætte ord på dette
tid at bringe dette ud i verden
hvert enkelt menneske på jord
kan forbinde sig med Kristus
Kristus som en impuls i hjertet

Bring det ud
ja bring det ind i alle hjerter
at det er næste skridt for menneskeheden
at det er måden at opløse mange dybe konflikter
at transformere alt, der adskiller og ødelægger kloden

Kristus er en impuls fra det guddommelige, fra kilden
Kristus er den åndelige impuls, der inkarnerede i Jeshua
en åndelig impuls, der gennem to tusinde år er gjort almen
som kristendom først, og siden hen som spiritualitet
kristendom formidles gennem præster og paver
og spiritualiteten finder vi inde i os selv

Det er tid til at tale om dette
det er tid at gå ind i dette
transformere polaritet
rumme hinanden
mærke enhed
være ét

Metamorfose 21

Kristus og Maria Magdal

i Alkymisk Forening

Evolutionen sker gennem dansen mellem polariteter
gennem modsætninger der mødes, der brydes og forenes
som det sker mellem mand og kvinde, mellem religioner, racer
som det sker gennem alle de møder, der rummer divergenser
og gennem opløsning af alle diskussioner, konflikter og krige

Derfor bringer vi det ind
dette møde mellem Jeshua og Magdal
det er et møde, der ophæver al polaritet inde i os

Mærk Kristus i hjertet
forén dig med Kristus i hjertet
mærk at Kristus lever i dig, som energi
på helt samme måde som Kristus lever i mig

Tillad dig at mærke enheden, at du ér Kristusenergien
din sjæl smelter sammen med en kærlighedsenergi
mærk, at der sker en indre forening af energier
at du har lov til at identificere dig med Kristus

Giv dig tid til at mærke og integrere
du er ved at gøre dig klar til et møde
et indre møde med en feminin energi
den feminine energi, der hedder Magdal
det aramæiske navn for Maria Magdalene

Mærk, at du er Kristus
Forén dig med Maria Magdal
som en indre meditativ forening
mærk, at I smelter sammen
at I bliver ét i Intetheden

Det er det tomrum, hvor Altet er skabt
her forener du dig med Maria Magdal
Kristus og Magdal forenes inde i dig

Det sker i dig
som det sker i mig
og det vil ske i mange

Det vil ske som en proces inde i hver enkelt
og som en proces i vores kollektive bevidsthed

Hvil I dette
mærk enheden i Altet
enheden af Kristus og Magdal

De forenes i dig
de er forenede i dig

De er ét i dig
de er ét i Altet
de genskaber kloden
menneskeheden genfødt
kloden belivet og alt er nyt
alt er skabt i dig og skabt af dig
skabt af alle, der siger ja til Kristus

Metamorfose 22

21.12

Kristus og Den Nye Jord

Den nye jord er skabt i dig
den nye jord er skabt i mig

Et lys trænger ind gennem alle dimensioner
lysvæld efter lysvæld transformeret
en portal er åbnet

Krystallen står i centrum af det hele
manifesterer Gudskraften ind i universet
krystallen én gang for alle placeret i det centrum

Det er centrum i dig, og det er centrum i mig
det er centrum i jorden, det er centrum i solen
ja det er centrum i alt, for alt er forbundet, er ét

Centrum er en tilstand, der findes overalt
en tilstand og en portal, forbindelsen til Gud
og centrum er vor modtagelighed i hjertet

Gud lever i hvert eneste punkt i universet
hvert eneste punkt er adgang til Gud
hvert eneste punkt er et centrum

Hvert eneste atom belives i din krop
hver eneste celle og DNA
hvert eneste organ
belives inde fra
belives af Gud

Den nye Jord er skabt i mig
den nye jord er skabt i dig

Vi ér den ny jord
vi ér evolutionen

Evolutionen arbejder igennem os
i dette sekund, i det evige nu

Der er intet at forstå
der er kun at leve
at åbne i hjertet

Storheden er at kunne være i strømmen
den storhed, det er at følge et flow
det er det flow, der er selve livet
det liv, der manifesterer i os

Duerne bringer det ud, det glade budskab
duerne som bærer af den hellige ånd
sommerfuglene bringer det ud
det samme gør den rene krystal

Sommerfuglene er tegn på transformation
en magiske forandring af det jordiske liv
bringes ud gennem duer og sommerfugle
og se krystallen som en fast manifestation
af det lys, der bærer Gud ind på vor klode

Gudskraften ligger i disse ord
de er forbundet til Gud
de bærer selve livet

Livet bringes ind i den, der åbner
energien transcenderer alle filtre
der er åben adgang til dit hjerte

Kristus og Magdal er en manifestation af dette
manden og kvinden er en manifestation af dette
de fuldender en proces, der er fuldbragt på Jorden

Manden og kvinden har hinanden i hånden
som Konge og Dronning af Lyset, af Gud

Det er magi i sin enkelhed, der folder sig ud
mennesket siger ja til at tage energien ind
tage den ind i sit hjerte og ind i sin krop
som en indre fusion af gyldne energier
forvandler livet sig som evolution

Du, der læser dette, berøres af disse energier
det sker i de dybeste lag, langt inde i sjælen
det er ord som portaler til den nye energi
det er ordene, der bærer det nye frem
bringer det ind i enhver, der siger ja

Vær du blot i energien
sig dit ja til transformationen

Det er kun at sige ja og at gå ind i, hvad der sker
åbne for det nye og lade det folde sig ud i hjertet
det er i hjertet, vi åbner til den sande Gudskraft

Mærk nu den blødhed, du finder i dit hjerte
den blødhed skal have plads, være del af dit liv
vi skal turde mærke, leve, turde udtrykke livet
som det former sig igennem elementer syv

Gennem ild og gennem vand
gennem jord og gennem luft
og gennem tre nye elementer

Eteren er skabt som element i dig
plasma er skabt som element i dig
kærlighedselementet er skabt i dig

De elementer er som en klangbund
en klangbund, der bærer eksistensen

Metamorfose 23

23.12

Kristusimpuls og Buddhafelt

Forbundet til Andromeda
forbundet til Kristus, forbundet til Buddha
forbundet til Jorden, forbundet til Solen, forbundet til Galaksen

Forbundet til det centrum, hvor alt er forbundet
krystallen udstråler sin energi fra det centrum
udstråler sin kraft, sit lys og sin kærlighed
et strålende lys, der trænger ind fra Gud

Kristus ta'r bolig i menneskeheden
vi åbner vort hjerte for Kristus

Buddhafeltet fylder det hele
trænger ud gennem Altet
gennem alt her på jord

Buddhafeltet er i alle lag
er i alle dimensioner
det er en væren
en fylde

Som det, der fylder tomheden
den rene væren i den rene søjle
det er det nye, vi tager det ind
det buddhiske felt er en væren
det er en væren, der giver ro

En ro for de mange og en ro for mig
en ro for alle, der søger et sted i sig selv
et sted at være med sig selv i uendelig ro

Buddha træder ind i sin rene væren
her er intet at skulle, her er intet at ville
kun dette: at være i enhed med alt på jord

Kristus og Buddha arbejder sammen
et felt og en impuls supplerer hinanden
de er komplementære og udgør en helhed

Den vestlige impuls er ramt af den mangel
der ligger i enheden med Gud

Den østlige impuls er ramt af den mangel
der ligger i impulsens skabende kraft

De to energier er som felt og impuls
de er en Guds gave til menneskeheden
jorden vil blive hjemsted for en hellig proces

Intet er givet ud over dette
den hellige proces vil komme igennem
det eneste usikre er måden, hvordan det vil ske

Evolutionens retning er givet på forhånd
vejen kan variere for det enkelte menneske
og vejen kan variere for menneskeheden

Mange polariteter skal udleves, forenes
den proces kræver tid, men hvor meget
det er der ingen, der på forhånd kan sige

Men det der sker nu, i dette sekund
er en forening af Kristus og Buddha
det er en proces i menneskeheden
og den sker i dig, i det evige nu

Den proces er trådt ind for at
manifestere i hver eneste én

Impulsen lever og feltet er der
og det mærkes på én gang
overalt i din krop

Kristus og Buddha, de store mestre
de havde deres gang hernede på jorden
de bragte energierne ind som felt og impuls
og indledte den epoke, vi kalder for nutiden

At forbinde det felt og den impuls er et skifte
det afrunder en epoke og åbner for det nye
åbner for det, vi kalder fremtiden på jord

Men samtidig træder vi ind i det evige nu
her sameksisterer alt i forskellig vibration
og der er da åbnet for den næste proces
som er at gøre dette almen på Jorden

Se hvordan processen nyskaber det eteriske felt
det gennemtrænger menneskeheden på helt nye måder
det binder os sammen, alt og alle, i en energimæssig enhed
det mærkes på en helt anden måde, end det før har været kendt

Det skal kendes af alle
det skal opleves og mærkes
skabe grundlag for det næste aspekt
det aspekt er plasma og plasmaelementet
som rummer nøgler til skabelse på helt anden vis
skabelse gennem den rene intention, i enhed med Gud

Skabelse sker i samme sekund en tanke er tænkt med ren intention
magien er her, at alt smelter sammen
smelter sammen med Gud

at den reneste intention er selve evolutionen, der træder igennem
det er Gudskraften i resonans med menneskeheden
vi mærker en kærlighedskraft som drivkraft
Gudskraften på jord

Det vil ske i det enkelte menneske
det vil ske som en kollektiv proces

Metamorfose 24

24.12

Kristus og Buddha Forenet

Kristus og Buddha forenet i mig
Kristus og Buddha forenet i dig

Det er de ord, der vender tilbage
og som derfor også gentages her

Kristus og Buddha forenet i mig
Kristus og Buddha forenet i dig

Det fuldender en proces gennem to tusinde år
en integration af himmelske energier
ført ind gennem Kristus og Buddha

Sig det igen og igen, gerne hver dag

Kristus og Buddha forenet i mig
Kristus og Buddha forenet i dig

Vi er ét i ånden
vi er ét i sjælen
vi er ét som de væsner, vi er
forbundet i al evighed til Kristus og Buddha
Kristus og Buddha er en enhed, en syntese i os

Den integration, der hører til disse ord
lad den da træde ind i alle lag i din krop
i organer og celler, i atomer og nukleoner
ja i det universelle kvantefelt og i The Quarks

Disse ord er som portaler
mærk at energien føres ind
ind i kroppen, ind i dine celler

Og det sker også i de lag, du ikke mærker
den sande integration er en langsommelig proces
og det er en proces, der sker indefra, helt automatisk

Krystallen er knyttet til det evige centrum
via det centrum udspringer det nye
lad det da gennemtrænge din krop

Kristus og Buddha forenet i mig
Kristus og Buddha forenet i dig

Metamorfose 25

25.12

Den Nye Verdens Spiritualitet

Det handler om Gud
det handler om Gud i mig
det handler om Gud i dig, i alle
det handler om den nye verdensreligion
om den indre erfaring, at Gud finder vi i hjertet
Gud træder ind i evolutionen gennem vore åbne hjerter

Andromeda og Arcturus repræsenterer næste skridt i evolutionen
det næste skridt, det sker via en syntese af Kristus og Buddha
syntesen af Kristusimpuls og Buddhafelt er det nye
den syntese skaber fremtiden på jorden

At forbinde os med Andromeda er julens budskab
Gud træder ind gennem Buddha og Kristus

Vi skaber syntesen af Buddha og Kristus
den enhed er fremtiden på jorden

Kirkerne skal kodes med denne energi
forbinde os med bibelen som en arketypisk tekst
forbinde os med stjernen som det kristne symbol på en vej
forbinde os med lotusblomsten som symbol på det buddhiske felt

Vi forbinder Andromeda og Arcturus til disse symboler
transformerer det kristne og det buddhistiske på jorden

Gud er skjult i det buddhiske felt
Gud er gemt i Kristusimpulsen
Kristus og Buddha forenet i dig
Kristus og Buddha forenet i mig

Nidaros Dome er central i dette
forbind dig med kirken
med alteret, med rummet

Forbind dig med stencirklen, tingstedet i Frosta
stenen i centrum er som en yppersтepræst
se den søjle række ud mod Andromeda
de øvrige sten er som de vise mænd
de er med til at bære energien

Den gamle kirke og dens tankegang vil smelte
det nye er, at Gud er en åndelig impuls
en impuls, der lever inde i hver enkelt

Kirkerne som samlingssted for denne erfaring
præsterne vil være formidlere af de fælles ritualer
som procesholdere og ydmyge tjenere for menigheden
den menighed, der sammen bærer Gudskraften i hjertet

Metamorfose 26

29.12

Dødens Rige

Gud Lever i Hjertet

Visionen om Den Nye Jord

Kristus og Buddha forenet i mig
Kristus og Buddha forenet i dig

Vi bærer en magisk krans om panden
en magisk krans af tindrende stjerner
vi har en healingsring i hånden
en ring af det pureste guld

Forbundet til Kristus og Magdal
forbundet til min indre genpart
alt er forbundet i dig og i mig

En tærskelvogter er transformeret, borte
det skete ved porten til dødens rige
en solengel af lyset blev genfødt
solenglen træder ind i dit hjerte
lyset trænger ind i dødens rige

Vi forbinder os med dødens rige
vi er forbundet med Kristus
forbundet med Buddha
forbundet med Gud

Her er stille, her er tyst
en vibration af undren
en mangel på lys

Her er også en fred
en åbenhed mod Altet
det er muligt at træde ind

Mærk nu den ro det er at vide, at
Kristus og Buddha, de lever i hjertet
det er som om intet kan fjerne den ro
vi kan nu forbinde os med dødens rige

Og som for Mesteren Jesus dukker det op
at på tredje dagen vil vi opstige til himmels
og alt vil da være forbundet i væren, i enhed

Det vil ske i mig og det vil ske i alle
alle, der forbinder sig med energien
og lader den vibrere stille i det indre

Dette er en vandring i Intethedens land
som om den blotte væren her
er det, der transformerer

Det er den rene overgivelse
en væren ét med Kristus-Buddha energien
det forløser jorden gennem forløsningen af mennesket

Det, der sker i kroppen lige nu, er en del af den forløsning
det vigtige er, at alt der sker, det sker nok i energien
men det sker også forbundet i en krop
og det er det, der er magien

Og magien er, at alle de personlige processer
de processer, vi mennesker går igennem
de er en bevidsthedstransformation
også i en kollektiv bevidsthed

Vi er forbundet ind til Jorden
det er det, der er processen

Menneskeheden løfter sig med kloden
sammen løfter vi os ind i himmerige
det er en helliggørelse af jorden
jorden som en lysende planet

Når denne enhed med vor jord bliver tydelig for enhver
vil processen være fuldbragt, helliggørelsen
det vil ske i dig, og det vil ske i alle

Det egentlige er det, der sker i kroppen lige nu
energien søger ned i dybet, ind i dig og mig

Der er intet andet nu at gøre end at være
være i processen som evolution, og netop, ja
det er evolutionen som vi den kender, her på jorden
processen lever, manifesterer den guddommelige energi

I, der læser dette, er nu bevidste om det hele
hvad enten I det vidste, eller det er nyt

Sig da ja i hjertet og lad det hvile
eller vælg at gå med ind i energien
det er blot at leve i erkendelsen af det dybe
at Gud er kraften, der lever i dit indre, i dit hjerte

I din krop og i hver en celle lever Gud
ja, lever inde i hvert eneste atom i dig
som eter, plasma, og som kærlighed
Gud er den sande væren
det ene liv i alle

I mennesker og dyr, i planter og mineraler
de riger er manifestation af fire elementer
og vi har dertil føjet tre mere til
kendt som eter og som plasma
og elementet kærlighed

Alt dette er en enhed
der viser sig for jer
som det menneske
der erobrer kloden
i den nære fremtid

Lad det manifestere som jeres vision
ja, som jeres hele væren
være denne vision

Metamorfose 27

29.12

Det Kymiske Bryllup

Ved himmerigets port

Ved tingstedet i Frosta, (side 38)

Vi står ved himmerigets port
klarhed, renhed, livets vand

Forankret ind som Lysets Konge
og som Lysets Dronning
som galaksernes Fader
stjernernes Moder

Han mærker energien
himmelporten åbner sig

Han træder ind ad porten
hjertets port, den åbner sig
møder kvinden, hun er parat
tage de hinanden kært i hånden
smiler varmt, forbinder sig i ånden

Et univers så stort, det åbner sig
det åbner sig for dig og mig

Vi ser ind i alle riger
vi forbinder os til Altet
ser det gamle svinde hen
det svinder ind i Intetheden

Det er en transformation så dyb
en transformation i dig og mig
og langt ind i jordens energi
dybt ind i menneskeheden
al karma opløst indefra

Det er Gudskraften, der er trådt ind
trådt ind som kærlighed, en kraft
forbundet til plasma og til eter
forbundet til det mindste stof
atomer, molekyler, celler
alt bliver transformeret
opdateret til det nye

Det sker i dig
det sker i mig
det sker i alle

Vi gør os klar til opstandelsen
til at himmeriget åbner sig

Vi står ved himmerigets port
og ser et lys, der åbner mod det nye
en guddommelig forening venter som et bryllup

Vi ser en trone med en kappe og et slør
det vil bringe himmerige til vor jord
det bevæger hjertet, der nu åbner sig
som en åbning af en verden ind i mig

Det er en vielse, der er på vej
en vielse mellem jord og himmel
et kymisk bryllup med den indre genpart
manden og kvinden giver ja'et til hinanden

De står over for hinanden, forbundne ind i hjertet
manden og kvinden, der har sagt ja til dette
åbne og parate til den alkymiske proces

De forbindes ind til duens energi
han lægger hånden på sit eget hjerte
han lægger hånden på hendes pande
duernes energi integreres i dem begge

Han lægger hånden på hendes hjerte
han lægger hånden på sin egen pande
duernes energi integreres i dem begge

De lægger hænderne på hinandens skuldre
de lader energien cirkulere mellem sig

Del 2

De står i stencirklen, det gamle tingsted
det magiske sted, en port til himmelen
en forbindelse mellem himmel og jord

De forbinder sig med den kraftfulde energi
stenene lyser op, der er forbindelse op og ned
de tolv sten repræsenterer universer, dimensioner
universer kobles sammen med vor jord igennem dette
foreningen af jord og himmel åbenbarer sig gennem dem

De påkalder de magiske sommerfugle
de forbinder sig med sommerfuglenes energi
sommerfuglene sætter sig på deres isser og skuldre
de sætter sig i panden på dem begge, og på deres hjerter

De træder tættere hen mod hinanden, lader deres pander mødes
holder på hinandens hofter, i sommerfuglenes energi
de står stille og lader energien arbejde frit

De forbinder sig til stenene i cirklen
det påkalder energien fra Andromeda

En stråle kommer ned, den forbundet til Andromeda
som en laser trænger den ind i den midterste sten
den bautasten er en antenne mod himlen
og strålen finder ind gennem stenen

Strålen reagerer, deler sig i tolv
det er et ærefrygtigt øjeblik
noget stort skal ske
vi mærker det
giver det tid

Vi ser de tolv sten lyser op
en stråle af hvidt lys går ind i alle
stenene er forbundne ud til stjerner tolv
stenenes cirkel er lysets forbindelse til jorden

Stenene bliver gennemlyst, gennemlyser de to
de gennemlyses af magiske energier
de bliver helt eteriske
smelter sammen

Forbundne til hinanden
forbundne til bautastenene
forbundne til energierne tolv
forbundne til de stjerner tolv
forbundne til hele universet

De mærker det, smelter sammen
de mærker enheden med Altet
det er det hellige øjeblik
et magisk indre bryllup
det alkymiske bryllup

De er smeltet sammen
her kan vi intet gøre
andet end at være
være i denne enhed

Metamorfose 28

31.12

Det Kymiske Bryllup og Andromeda

Pagten

Der er bryllup mellem universer
mellem tolv galakser og vor klode
alt der sker i os, det sker i universet

Jeg placerer to trekanter i min krop
en fra hofter og til pineal
en fra skuldre og til mellemkød
sammen danner de en davidsstjerne
en forening energetisk mellem M og K

Det vil ske i dig og det vil ske i mig
lad det ske og det vil ske i universet

Vi overgiver os til vielsen, nu i en anden dimension
en vielse af Kongen og Dronningen af Lyset
en vielse, der sker i Andromeda – energi
Andromeda Rex formidler energien

Vi står i Frosta cirkelen af sten, med guldkapper på
det er inkarnationer af Andromeda - eksistenser
et lysende væsen står sammen med os
Andromeda Rex:

Som mennesker er I forbundne til Jorden
til centrum og til jeres inkarnation her på Jord
I er forbundne til stenene her og til stjernerne derude
og I er evigt forbundne til Andromeda, vores fælles hjemsted

I skal nu sige ja til hinanden, til at bære den pagt, I indgår her
en pagt om at være tro mod det løfte, I aflægger her
en pagt om at skabe himmerige på jord

I vil være forbundne til hinanden
og I vil være forbundne til Jorden
indtil pagten er indløst til fulde

Jeg siger ja til min indre genpart
min indre genpart siger ja til mig
I er hermed at regne for et helligt
ægtepar fra Andromeda at være

Englene jubler, stenene lyser
vi omsluttes af en gylden kugle
den omslutter det hele, stenene, alt
den beskytter os og den beskytter stenene

Buddhafelt og kristusimpuls er forenede
Maria Magdal og Kristus smeltet sammen
Gudskraften er trådt ind gennem alle

Metamorfose 29

31.12

Det Nye Menneske

Træder ind i min væren i enhed med Gud
forbundet til himmel, forbundet til jord
forbundet til hjertet, forbundet til kroppen
forbundet til kvinden fra Andromeda: Amonia

Forbundet til Kristus og Magdal som ét
Kristus og Magdal er ét med Andromeda
Kristus og Magdal er forenede i dig og mig

Han er i sin væren
væren ét med Amonia
ét med sin indre kvinde
de forbinder sig nu
fra hjerte til hjerte
pineal til pineal
hara til hara
rod til rod

Som to energifelter smelter de sammen
en energimæssig enhed, der forsegler en pagt
løftet om at være med til helliggørelsen af kloden

Denne enhed fuldbyrder også et løfte
vi bærer det oprindelige kim i vort indre
det kim som rummer evolutionen som proces
som også er Guddommen, der står lige her og nu
bygget op på en skabelon eller en template af elementer
ikke elementerne syv, nej flere, der vil blive åbenbaret tolv

Det Nye Menneske er bygget op over elementer syv
de fire er kendte som ild og vand, samt jord og luft
og eter-elementet kender vi fra det eteriske felt
men elementet er mere og dybere end dette
en del af overgangen mellem ånd og stof
en energimæssig bro, som en portal

Og det gælder for yderligere elementer to
hvor plasmaelementet er det ene, det første
et magisk element, der gemmer skabelsens koder
et element, der manifesterer som plasma på solen
og elementet skaber den bagvedliggende struktur

Og ingen af disse elementer kunne skabe nyt
hvis det ikke var for det sidste af de syv
et kærlighedselement kalder vi det
det er kærlighed som element
en vibration af kærlighed
den gennemtrænger alt

Den kærlighed er ren og ubesmittet
den kærlighed er tilgængelig for alle
den bærer livskimet, livet i sin essens
den åbenbares i de kommende æoner

Vi skal kende dette
vi skal mærke det
mærke det lige nu

Det er en mærkelse i sjælen
det er i resonans med ånden
kald det en Guds kærlighed

Den vibreres ind i os
føres ind i alle lag
i alle dimensioner

Overgiv dig blot til dette uden at forstå
og forstå blot dette: at du har sagt ja
at du aldrig skal tænke dig til svar
blot være i din væren, lytte, mærke
integrere, og så handle ud fra hjertet

Og du skal vide, at du er støttet i det indre
støttet af de høje vibrationer, der er i universet

Vi transcenderede selve døden
den gang vi mødte djævelen
skjult som tærskelvogter

Vi transformerede hans hjerte
en solengel blev han til
han er med os nu
som engel

Og den blotte væren i dette dybe rige, som blev kaldt dødens rige
har transformeret det til et Lysets Rum, hvortil man går over
den dag inkarnationen slutter efter eget valg

Vi vil komme hen til at kunne transcendere døden fysisk
og det betyder blot at dø bevidst, når det er tid
det er at forlade kroppen, siddende som nu
siddende almindeligt, opret i en stol

Vi i ånden er så tæt på hele tiden, også nu
I aner ikke hvor let det er at mødes
være i en energimæssig enhed

Hele denne rejse er nok båret af de mange ord
men husk, at det er energien i de ord, der betyder noget
den transformerer alt og muliggør, at I kan gå den vej, I skal

Og til dig der læser dette nu
lad det trænge ind i alle lag
det eneste du behøver er
at forbinde dig med Altet
i alle lag og dimensioner

Metamorfose 30

31.12

Dødsriget opløst

Lyset er trængt ind
adskillelsen er brudt
himmerige og dødsrige er ét
al karma opløst, skyldfølelser er borte
vi træder ind i himmerige, den dag vi går over

Det er den magiske virkelighed for mange
og den gælder for dig, der læser dette
det baner vejen for det næste skridt
at almengøre dette for de mange

Dér har I alle jeres måde
det er blot at følge hjertet
du vil vide, hvad du skal

Det her er opstandelsen på jord
og det er opstandelsen i dig
en opstandelse i dit indre
og den vil trænge ud
ud i sjæl og krop
i din hele væren

Metamorfose 31

1.1

Opstandelsen

Vi er opstandne
vi er opstandelsen
og vi er himmeriget

Det nye univers er skabt i os
genskaber sig selv i hvert evigt nu
genskaber sig selv på helt nye måder

Døden er transcenderet
det er sket i en indre proces
tærskelvogteren nedlagde våbnet
overgav sig til at være den engel, han er

I løbet af de få dage, der gik til opstandelsen
skete transformationer i dybet, som vi ikke kan se
men de skete og ændrede Altet til det univers, vi nu er

Enhver har sin proces i dette
I er alle med, I der læser dette
og med er også mange andre
de, der er forbundet ind i hjertet
forbundet til det dybe univers
til det univers, vi har derinde

Vi må stole på de billeder, vi får
stole på de fornemmelser vi har
stå i lyset og være den, vi er
det er lysets vej, der vinder

Vi skal aldrig se bagud
men stå i vores lys

Se fremad
tænke stort
være visionen

Være visionen om den helliggjorte jord
være visionen om det helliggjorte univers

Holde den vision i hjertet
døgnet rundt du bærer den
lever den, lever den helt ægte
og du altid vil vide, hvad du skal

Det er tid at holde energien
den stærke skabelsens energi

Det er tid at mærke den i kroppen
føre den ind i dine celler og organer

Hvert enkelt menneske transformeres
det sker i alle lag og alle dimensioner
det er på den måde, alt det nye skabes

Der strømmer nye sjæle ind
de har det i sig, vokser op
har det nye bygget ind

Der er ingen grund til frygt
ingen grund til at bekymre sig
mest af alt er der grund til glæde
og til at lade kærligheden strømme

Se igennem alt du synes, der er ondt og mørkt
det er fortidens reminiscenser, der nu udspiller sig
gå ej i kamp mod kræfter, der vil obstruere lysets vej
rum dem i dit hjerte, og gå så videre ad en anden vej

Det er kræfter, der lever af modstand, der lever af kamp
giv blot slip, så de kan rummes i lys og i kærlighed
som tærskelvogteren til døden blev rummet

Der vil være nye kosmiske strømme
de strømmer ind fra hele universet
de strømmer ind til jorden, til os

Fra galakser som Andromeda og Laniakea
fra Arcturus og Vega, Sirius og Orion
og fra andre stjerner i vor Mælkevej

Lad dette ske i jeres indre
og det vil også ske helt fysisk
det vil ske i en samskabelsesproces
vi connecter ind til kosmiske energier

De vil finde deres vej
som skabelseskræfter
som kærlighedskræfter
kræfter, der skaber det nye
et nyt univers i hvert evigt nu
sid blot stille og lad det ske i dig

Evighedens vingesus gennem luften
Uendeligheden er gjort tilgængelig
Intetheden, transformationens rum
Altet født af Intetheden i et evigt nu

Mellemspil

Vi er trådt ind i den nye verdens spiritualitet gennem foreningen af kristusimpulsen og buddhafeltet (MM 20-25). Og vi har oplevet opstandelsen gennem Det Kymiske Bryllup, som foreningen af maskuline og feminine energier, og gennem mødet med døden (MM 26-31).

Opstandelsen er en opløsning af indre polaritet, en åbning til evigheden, til uendeligheden, til det højeste lys. Opstandelsen er dermed en åbning til en helt ny forståelse af, hvem vi er, og mod at helt nye energistrømme kan trænge ind i jordens energifelt. Det vil igen åbne for et nyt liv på jorden, hvor vi vil indse, at vi er aktive medskabere af livet på jorden, af evolutionen.

Og det nye liv vil udfolde sig gennem et samarbejde med åndelige impulser eller væsner, og bringe det højeste lys ind i hjertet. Det er en åbning mod helt nye måder at fungere som menneske og som én menneskehed.

Det er en frisættelse af det enkelte menneske. En frisættelse, der er udtryk for et fremtidens fælles verdensbillede, og en frisættelse, der gør livet til kunst. Det er udtrykt i de næste to metamorfoser, som afslutter trilogien af meditative metamorfoser.

Metamorfose 32

12.1

Det Nye Verdensbillede

Det handler om Guddommelig energi
og det handler om alt det, vi har lært:
om at ændre gammel programmering
og åbne for den nye strøm, der siger
at strømmen er en levende energi
at vi møder strømmen i hjertet
at hjertet er centrum for Altet
og det folder sig ud i os alle

Det betyder, at vi alle har Gud i vort hjerte
at strømmen vil åbenbare det hele for os
at strømmen er af guddommelig natur
at alle de åndelige hjælpere omkring os
er lige som de mange ægyptiske Guder:
ligeværdige hjælpere, der ikke skal tilbedes
men respekteres og behandles som venner
i erkendelsen af, at vi arbejder sammen

Metamorfose 33

12.1

Livskunst
og
Den Nye Verdens Spiritualitet

Det handler om hjertet
det handler om Gud
det handler om enhed
om enhed med Gud

At Gud lever derinde
når blot vi åbner op
og mærker kilden
den evige strøm

Lad energien bestemme alt, hvad du gør
det er blot at lytte, mærke i hjertet
mærke hvad næste skridt er

Her hersker ingen paver eller præster
ingen skal diktere dig din sandhed
for dig findes der kun én sandhed
og den sandhed finder du derinde

Der er nogen, der skal gå foran
der er nogen, der viser vejen
det må de i frihed gøre
med eksemplets magt

De laver ritualer af forskellig slags
ritualer til fødsel og ritualer til død
velsignelsesritualer og en tid endnu
ritualer til tilgivelse og nyorientering

De skriver bøger, de skriver digte
de underviser dem, der søger hjælp
og det vigtige er, at det sker i frihed
og at målet er at sætte den enkelte fri

Det er denne frihed, der er vort mål
en frihed ved at finde ind til sig selv

Det handler om kunst i sin rene form
som det kan ske i den sædvanlige kunst
med billeder og ord, med sang og musik
med formning af livet i organiske former
og i udfoldelsen af det daglige liv i et flow

Kunsten er at være i flow med livets essens
at være det i enhver aktivitet, døgnet rundt
som livskunst, ja som kunst i sin rene væren

Kunsten er at finde det flow, der er sandt
og sandt er det sande for dig som for mig

Ingen kan fortælle dig, hvad din sandhed, den er
det er din kunst at finde den frem
at gøre dig til ét med den

At leve i enhed med din egen sandhed
det er kunst

Ordliste

Det Evige Nu betyder, at alt eksisterer her og nu i forskellige vibrationer, vi kan stille ind på og endda forandre. Det Evige Nu omtales i det senere afsnit om Verdensbilledet.

Døden og dødsriget (MM 26, 29, 30, 31). Disse metamorfoser fører os gennem en transformation af forestillingen om dødsriget som noget forfærdeligt, noget dystert, som vi har skullet frygte. Vi løftes nu ind i et himmerige, et univers af lys, ind i vores guddommelighed og i en befrielse af al angst for døden.

Elementerne er energi, et vibrerende felt, der ligger bag eksistensen, som vi kender den gennem de 5 fysiske sanser. Det enkelte element viser sig på forskellig måde. Ildelementet kan vise sig som ild, der brænder, men også som vores indre ild.
Jord, vand, ild og luft er de fire gamle kendte elementer. Eter, plasma og kærlighedselementet er de tre nye, der er kommet til.

Eter er det femte element, nyt for de fleste og det skal udforskes nærmere. Elementet fremtræder som eterlegemet i og omkring kroppen, et formgivende og belivende energifelt.

Gud og det guddommelige: At vække guddommeligheden i hjertet er et gennemgående tema i disse metamorfoser.

Indre genpart er mandens indre kvinde og kvindens indre mand

Jeshua, aramæisk for Jesus, og bruges her som det det oprindelige og energibærende navn.

Komplementære størrelser udelukker hinanden og danner sammen en helhed. Som yin og yang, som mand og kvinde, som partikel- og bølge-beskrivelsen i kvantefysikken.

Kristus en impuls fra skabelsen, som blev bragt ind i Jordens energi-felt via Jesus.

Kymisk bryllup er en indre proces, hvor vi på alle bevidsthedstrin forener os med vores indre modsatkønnethed.

Kærlighedselementet er det syvende element. Elementet skabes ud af Intetheden og skaber grundlaget for alt liv. Kærlighedselementet er åndens første manifestation. Det, der bærer ordet, og det, der skaber grundlaget for stoffet.

Laniakea er navnet på den galaksehob, Mælkevejen tilhører.

Mariam Magdal er aramæisk for Maria Magdalene og bruges her som det det oprindelige og energibærende navn.

Opstandelsen er en åbning mod det højeste lys. En indre proces, der er sat i gang og beskrevet i MM 26 -31 og i det efterfølgende mellem-spil.

Plasma er det sjette element Plasma som stof kendes fra solen, hvor alt stof er spaltet til højt ioniserede partikler. Plasmaelementet vil bl.a. få betydning for sundhed og for menneskets samskabelse med de guddommelige kræfter. Plasma følger den rene intention.

The Quarks er ifølge fysikerne universets mindste dele. Tre quarks danner en proton, Tre quarks danner en neutron. The Quarks kan ikke eksistere som selvstændige partikler.

Tærskelvogter er betegnelsen for den modstand, vi skal overvinde hver gang vi tager et nyt stort skridt. Som i MM 26 at konfrontere indgangen til døden og bringe lyset ind i dødsriget.

Det Evige Nu

Alt er energi, vibrerende energifelter. Kristus er en energi, der blev båret af Jesus, Buddha bar et felt af kærlighedsenergi. Det er komplementære energier, der forenes i MM 23:

Men det der sker nu, i dette sekund
er en forening af Kristus og Buddha
det er en proces i menneskeheden
og den sker i dig, i det evige nu

Alt eksisterer her og nu i forskellige vibrationer i Det Evige Nu. Sammensmeltningen af kristusimpuls og buddhafelt er således en energiproces, en fusion af energier i en høj vibration, uden for vores dagsbevidstheds rækkevidde. Men den sker, og vi kan efterhånden forbinde os mere og mere med det.

Og på samme måde er det kymiske bryllup en energiproces, hvor polariteter ophæves på alle niveauer.

Og processerne med dødens rige er energiprocesser:
Jeg blev en nat bedt om at forbinde mig med dødsriget i en indre rejse. Jeg kom ind i en proces, hvor jeg sammen med Kristus og Maria Magdalene og en jordisk kvinde mødte og forvandlede tærskelvogteren ved dødsrigets port til en engel. Det skete, og det er igen foregået i en høj vibration, der ligesom de forrige processer efterfølgende skal integreres ind i de tungere dagsbevidste lag.

Denne proces gik forud for de metamorfoser, der bevæger sig omkring dødens rige (MM 26, 29-31).

Alt er vibrerende energifelter, som det er muligt at mærke i kroppen. I "Magien i Intetheden" blev det omtalt som resonans. Det betyder, at spiritualitet er noget, vi oplever inde i os selv. Og det er mere end personlige oplevelser.

Det er fælles oplevelser, der er fælles mønstre i oplevelserne, som derfor kan gøres til erfaringer, fælles kollektive erfaringer med det guddommelige. Erfaringer og mønstre, som kan beskrives og dermed gøres til videnskab, en åndens videnskab, en åndsvidenskab. Spiritualiteten udfordrer dermed det traditionelle naturvidenskabelige paradigme og ophæver opdelingen af videnskab og religiøsitet.

Efterord - Hvad du selv kan gøre

Hermed afslutter jeg trilogien Meditative Metamorfoser. De har været afsæt for et stort spring i mit liv og kan være det for mange, der vil forbinde sig med dem.

Jeg læser fortsat teksterne, der er skrevet i løbet af 2019, og hvis du kan forbinde dig med dem, kan du gå et skridt videre:

forslag 1: At forbinde sig med metamorfoserne
Du kan energimæssigt forbinde dig med metamorfoserne, en hel ad gangen. Sige ja til dem, meditativt, tage dem til hjertet, som en energi, som en enhed. Sid i det en stund.

Forslag 2: Indtal selv teksterne:
Metamorfoserne egner sig til at høre med lukkede øjne, meditativt.
De er blevet til ved en slags kanaliseret tale til diktafon, med hovedtelefoner på.
Om dette blev der skrevet undervejs:

Og samtidig er de ord jo også en portal ind i jeres krop og sjæl
det er den egentlige grund til, at forfatteren ikke blot skal tale
men taler til sig selv med hovedtelefoner på

Ordene bliver dermed lagt ind i de dybere lag
og selvom ikke alt forstås, så ligger de derinde

Forslaget er, at du kan gøre det samme: indtale dem til diktafonen på mobilen med hovedtelefoner sluttet til.

Lydfiler og Oplæsning med Samtale

Metamorfoserne vil blive tilgængelige på internettet som lydfiler, læst op langsomt. De forventes klar til den 1.9.2020, hvorefter du kan søge dem via mit navn på youtube.

Jeg vil med stor fornøjelse komme ud og læse op i sammenhænge, hvor det giver mening. Det kan eksempelvis være to eller tre metamorfoser, der læses enkeltvis med en meditationspause efter hver, i alt måske 30 min. Efter en pause kan det følges op med en samtale ud fra spørgsmål eller ud fra oplevelsen med at høre og meditere.

Temaer kan være efter ønske, som:

Den ny verdens spiritualitet
Det kymiske bryllup
Opstandelsen
Døden
osv

.

Epilog

Samhørighed, kære Læser

Lad dette formidles ud over Jorden, til alt og til alle
formidle det på de indre planer, som det sker lige nu
bringe det ud til enhver og til alle dem, som du kender
om livet på vor jord som det folder sig ud i det evige nu

For det handler også om vor jord og om at lytte til Corona
det handler om at åbne for vor samhørighed med hinanden
det handler om at åbne for vor samhørighed med vores klode
og det handler om vores samhørighed med vor inderste essens